AF311787

SUCCESSION

DE

Mᵐᵉ LA MARQUISE DE PLEUMARTIN

VENTE EN SON HOTEL

6, AVENUE RUYSDAËL, 6

(PARC MONCEAU)

OBJETS D'ART

ET

D'AMEUBLEMENT

BIJOUX — LIVRES

Belles Tapisseries

PARIS — 1896

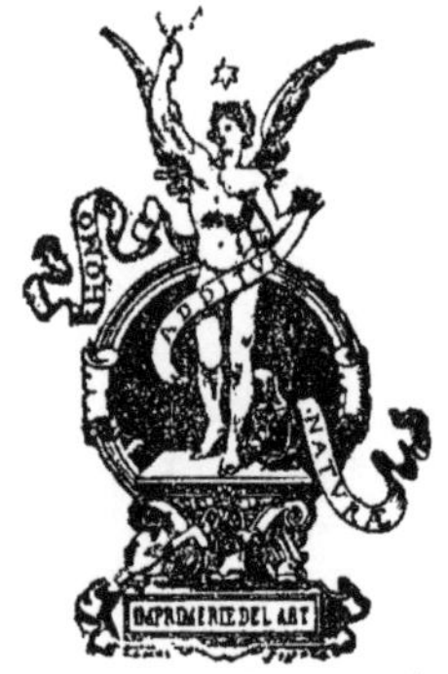
HONOR
NATVRA
IMPRIMERIE DE L'ART

CATALOGUE

DES

OBJETS D'ART

ET D'AMEUBLEMENT

DIAMANTS; BIJOUX; ORFÈVRERIE

Porcelaines de Saxe, de Chine et du Japon
Faïences italiennes, de Delft et autres; Sculptures

TABLEAUX; AQUARELLES

Bronzes d'art et d'ameublement; Émaux cloisonnés; Objets variés
Meubles des XVIIᵉ, XVIIIᵉ siècles et autres de style
Sièges couverts en tapisserie au point
Meubles de Salon couverts en satin et en tapisserie
Lit en bois sculpté et doré de style Louis XV

BELLES TAPISSERIES DES FLANDRES

BRODERIES; TENTURES

Livres

Instruments de musique
Vins fins

Dépendant de la Succession

DE Mᴹᴱ LA MARQUISE DE PLEUMARTIN

ET DONT LA VENTE AURA LIEU

EN SON HOTEL

6, AVENUE RUYSDAEL, 6, A PARIS

(PARC MONCEAU)

**Les Samedi 9, Lundi 11, Mardi 12, Mercredi 13, Vendredi 15
et Samedi 16 Mai 1896, à 2 heures**

COMMISSAIRE-PRISEUR

Mᵉ SARRUS, 74, rue Saint-Lazare

EXPERTS

Pour les Bijoux :	*Pour les Objets d'art :*	*Pour les Livres :*
M. ALBERT LINZELER	MM. MANNHEIM Père et Fils	M. JULES MARTIN
56, rue de la Victoire, 56	7, rue Saint-Georges, 7	6, rue de Savoie, 6

EXPOSITIONS

PARTICULIÈRE : *Le Jeudi 7 Mai 1896, de 1 h. à 6 h.*
PUBLIQUE : *Le Vendredi 8 Mai 1896, de 1 h. à 6 h.*

CONDITIONS DE LA VENTE

Elle sera faite au comptant.

Les acquéreurs paieront *cinq pour cent* en sus des adjudications.

L'exposition mettant le public à même de se rendre compte de l'état et de la nature des objets, aucune réclamation ne sera admise une fois l'adjudication prononcée.

Paris. — Imprimerie de l'Art. E. Moreau et Cie,
41, rue de la Victoire.

ORDRE DES VACATIONS

Le Samedi 9 Mai 1896.

Livres. . . . . N° 1 à 181

Le Lundi 11 Mai 1896.

Diamants, Bijoux. . . . . N° 182 à 239

Le Mardi 12 Mai 1896.

Argenterie . . . . N° 240 à 271
Plaqué. . . . . — 272 à 280
Orfèvrerie . . . . — 281 à 298
Objets de vitrine. . . . . — 299 à 309
Objets variés. . . . . — 310 à 321
Émaux cloisonnés . . . . — 322 à 340

Le Mercredi 13 Mai 1896.

Tableaux et Aquarelles. . . . . N° 341 à 362
Porcelaines de Saxe et autres. . . . . . . — 363 à 370
Porcelaines de la Chine et du Japon. . . — 371 à 404
Faïences italiennes. . . . . — 405 à 417
Faïences de Delft et autres. . . . . — 418 à 440
Faïences françaises. . . . . — 441 à 445

Le Vendredi 15 Mai 1896.

Le Samedi 16 Mai 1896.

DÉSIGNATION DES OBJETS

LIVRES

1 — **Abrantès** (La D^esse d'). Mémoires sur Napoléon. *Bruxelles*, 1837, 3 vol. gr. in-8°, d.-rel.

2 — **Adams.** Décorations intérieures et meubles des époques Louis XIII et Louis XIV. *Paris, Morel*, 1865, in-fol., d.-rel. chag. rouge. *100 planches*.

3 — **Almanach** des spectacles. *Paris, Jouaust*, 1874-1882, 9 vol. in-18, d.-rel. mar. vert, n. rog. *Eaux-fortes*.

4 — **Anacréon** en belle humeur ou le plus joli chansonnier françois. *Paris, Desnos*, 1785, 4 parties en 1 vol. in-18, mar. rouge, fil. tr. dor., rel. anc. *Vignette*.

5 — ART POUR TOUS. Encyclopédie de l'Art industriel et décoratif, dirigée par Reiber et Sauvageot. *Paris, Morel*, 1ᵉ année 1861 à 1882, 21 vol. in-fol., d.-rel. chag. rouge, coins, n. rog.

6 — ARTS SOMPTUAIRES (Les). Histoire du Costume et de l'ameublement et des arts et industries qui s'y rattachent. Texte par Louandre. *Paris, Hangard-Maugé*, 1857, 2 vol. de texte et 2 vol. de planches en couleur, d.-rel. chag. br., n. rog.

7 — Auberval (D'). Contes en vers erotico-philosophiques. *Bruxelles*, 1818, 2 tomes en 1 vol. in-8°, d.-rel. mar., n. rog.

8 — Aventures et espiègleries de Lazarille de Tormès. *Paris, Didot*, 1801, 2 tomes en 1 vol. in-8°, d.-rel. mar. rouge, coins, tête dorée, n. rogné. *Figures par Ransonnette.*

9 — Barré et Roux. Herculanum et Pompéi. Recueil général des peintures, bronzes, mosaïques, etc. *Paris, Didot*, 1863, 8 vol. gr. in-8°, d.-rel. mar. citr., coins, têtes dorées, n. rognés. *Planches.*

10 — BAYARD. Théâtre. *Paris, Hachette*, 1855, 12 vol. in-12, d.-rel. v. fauve, n. rog.

11 — BEAUX-ARTS (Les). Musée des chefs-d'œuvre contemporains. *Paris, Dentu*, 1875, in-fol., d.-rel. chag. rouge. *Planches à l'eau-forte.*

12 — BÉROALDE DE VERVILLE. Le moyen de parvenir. *Paris, Willem*, 1870, 2 vol. petit in-8°, d.-rel. mar. *Vignettes.*

13 — BERTALL. La Comédie de notre temps. *Paris, Plon*, 1874-76, 3 vol. gr. in-8°, d.-rel. mar. bleu, têtes dorées, n. rognés. *Fig.*

14 — BIBLIOTHÈQUE DE POCHE. Curiosités historiques, littéraires, etc. *Paris, Paulin*, 10 vol. in-12, d.-rel.

15 — BIJOUX des neuf-sœurs (Les). *Paris, Defer de Maisonneuve*, 1790, 2 vol. in-18, mar. vert, fil. tr. d. (*Smeers*). *Vignettes par Lebarbier.*

16 — BLANC (CH.). Histoire des Peintres de

toutes les écoles. *Paris, Renouard.* 1874, 14 vol. in-4°, d.-rel. mar. rouge, coins, têtes dorées, n. rog. *Fig.*

17 — BLANC (Ch.). Le Trésor de la curiosité, tiré des catalogues de vente. *Paris, Renouard,* 1857, 2 vol. in-8°, d.-rel. chag.

18 — BLANCHARD. Métamorphoses, mœurs et instincts des insectes. *Paris, G. Baillière,* 1868, gr. in-8°, d.-rel. chag., tr. dor. *Fig.*

19 — BOCCACE. Le Décaméron, traduit par Le Maçon. *Londres (Paris),* 1757, 5 vol. in-8°, mar. or. fil., dent. intér., tr. dor. (*R. Petit*).

> 110 figures et culs-de-lampe par Gravelot, Boucher et Eisen.
> Exemplaire contenant la suite des vingt figures libres de Gravelot.

20 — BOISJOURDAIN. Mélanges historiques, satiriques et anecdotiques. *Paris,* 1807, 3 vol. in-8°, d.-rel. mar. rouge.

21 — BONS CONTES (Les). Trois cents leçons de

Lampsaque. *Bruxelles, Kistemæckers*, 1882, in-8º, front., mar. rouge, fil. tr. dor. (*R. Petit*).

22 — BRINDESI. Souvenirs de Constantinople. — Musée des anciens costumes turcs. *Paris, Lemercier*, 2 vol. in-fol., d.-rel. *Planches coloriées*.

23 — CABINET SATYRIQUE, ou Recueil parfaict des vers piquans et gaillards de ce temps, tiré des secrets cabinets des plus signalez poètes du dix-septième siècle. *Gand, Duquesne*, 1859, 2 vol. in-12, d.-rel. mar. vert, coins, têtes dorées, n. rognés. (*Cuzin*).

Exemplaire sur papier rose.

24 — CALLOT (JACQUES). Œuvre. Recueil de 480 pièces gravées en 1 vol. in-fol., d.-rel. mar.

25 — CAMPARDON. Les Spectacles de la Foire depuis 1595 jusqu'à 1791. *Paris, Berger-Levrault*, 1877, 2 vol. in-8º, d.-rel. mar. rouge, n. rog. (*R. Petit*).

26 — CARICATURE (La). Journal fondé et dirigé par Ch. Philipon. *Paris, Aubert,* 1831-1835, n° 1 à 234 en 9 vol. gr. in-4°, d.-rel. chag. rouge. *Planches par Daumier, Grandville, H. Monnier, Traviès, etc.*

Bel exemplaire avec les titres et tables.

27 — CENT NOUVELLES. Nouvelles (Les), contenant les cent histoires nouveaux. *Cologne, P. Gaillard,* 1736, 2 vol. pet. in-8°, mar. vert, fil. tr. dor., *rel. anc. Figures de Romain de Hooge.*

28 — CHANSONS choisies, avec les airs notés. *Londres (Cazin),* 1783, 6 vol. in-18, v. fauve, tr. dor.

29 — CHANTS ET CHANSONS populaires de la France. *Paris, Delloye,* 1843, 3 vol. — Chansons populaires des provinces de France, notices par Champfleury, accompagnement de piano par Wekerlin. *Paris, Bourdilliat,* 1860. Ensemble 4 vol. gr. in-8°, d.-rel. mar. rouge, coins, têtes dorées. *Illustrations de Trimolet, Meissonier, etc.*

Bel exemplaire non rogné avec les couvertures.

30 — Chefs-d'œuvre des auteurs comiques. *Paris, Didot*, 1866, 8 vol. in-12, d.-rel. mar.

31 — Choderlos de Laclos. Les Liaisons dangereuses. *Londres*, 1796, 2 vol in-8º, mar. rouge, fil. tr. dor. (*Pouillet*).

> Frontispices et 13 figures par Monnet et Mlle Gérard.

32 — Chodruc-Duclos. Mémoires. *Paris*, 1843, 2 vol. in-8º, d.-rel. chag., n. rog.

33 — Chronique scandaleuse (La) ou mémoires pour servir à l'histoire de la génération présente (par Imbert). *Paris*, 1791, 5 vol. in-12, d.-rel. v. f.

34 — Chorier. J. Meursii elegantiæ latini sermonis, seu Aloisia Sigæa de arcanis Amoris et Veneris. *Lugd. Batav. (Parisiis, Barbou)*, 1757, pet. in-8º, v. tr. dor. *Front. par Gravelot*.

35 — Cohen (H.). Guide de l'amateur de livres à figures et à vignettes du xviiiᵉ siècle. *Paris, Rouquette*, 1876, in-8º, d.-rel. mar. vert, n. rog.

36 — Collé (Ch.). Journal et mémoires, 1748-1772. *Paris, Didot*, 1868, 3 vol. in-8°, d.-rel. chag.

37 — Contes et nouvelles en vers, par La Fontaine, Voltaire, Vergier, Perrault, etc. *Paris, Leclère*, 1862, 4 vol. in-12, d.-rel. chag. vert. *Vignettes.*

38 — Conteurs du XVIII° siècle. *Paris, Quantin*, 1878-81, 9 vol. in-8°, d.-rel. mar., n. rog. (*R Petit*). *Portraits.*

> Cazotte. De La Morlière. Caylus. Duclos. Voisenon. Crébillon Fils. Moncrif. Boufflers. Retif de La Bretonne.

39 — Coppée (Fr.). Poésies et Théâtre, 1864-72. *Paris, Lemerre*, 3 vol. in-18, d.-rel. mar., n. rog.

40 — Corneille (P.). Œuvres, avec les Commentaires de Voltaire. *Paris, A.-A. Renouard*, 1817, 12 vol. in-8°, d.-rel. mar. vert, coins, têtes dorées, non rognés. (*Allô*).

> Bel exemplaire en papier vélin, lavé et encollé, contenant les suites de gravures de Moreau, Gravelot et Desenne.

41 — CORNEILLE (Th.). Théâtre. *Amsterdam*, 1718, 5 vol. in-12, parch., non rognés. *Fig.*

42 — COSTUMES du temps de la Révolution, tirés de la collection de M. V. Sardou. *Paris, Lévy*, 1876, in-4°, cart. *Planches coloriées.*

43 — COSTUMES du Directoire, tirés des Merveilleuses. *Paris, Bachelin*, in-4°, d.-rel. mar. bl. *Planches coloriées.*

44 — DANCOURT. Œuvres. *Paris, Ribou*, 1729, 9 vol. in-12, d.-rel. mar. bleu.

45 — DANTE ALIGHIERI. L'Enfer, traduction française de Fiorentino. *Paris, Hachette*, 1861, in-fol., mar. rouge, fil. tr. dor. *Illustrations de G. Doré.*

46 — DAUMIER. Mœurs conjugales. *Paris, Aubert*, in-4°, cart. *60 planches.*

47 — DÉLASSEMENS (Les) d'un Galant-Homme. Recueil de bons mots, aventures, pièces fugitives, par l'abbé S. M. D. C. (Saint-Martin de Chassonville). *Amsterdam*, 1742, in-8°, mar. bleu, tr. dor. (*Duru*).

48 — Delvau (A.). Les dessous de Paris. *Paris, Poulet-Malassis*, 1860, in-12, d.-rel. chag., n. rog. *Eau-forte par Flameng.*

49 — Démidoff (A. de). Voyage dans la Russie méridionale et la Crimée. *Paris, Bourdin*, 1840, gr. in-8°, d.-rel. chag., tr. dor. *Fig. de Raffet.*

50 — Désaugiers. Chansons et poésies diverses. *Paris, Ladvocat*, 1827, 4 vol. in-18, d.-rel. mar. rouge, coins, n. rog. *Fig.*

51 — Désaugiers. Recueil des pièces de théâtre. *Paris*, 1804-1808, 21 pièces originales en 1 vol. in-8°, d.-rel., n. rog.

52 — Deshoulières (Mme). Œuvres choisies. *Londres (Cazin)*, 1780, in-18, mar. bleu, fil. tr. dor. (*R. Petit*).

53 — Destouches. Œuvres dramatiques. *Paris, Lefèvre*, 1811, 6 vol. in-8°, v., tr. dor. *Fig.*

54 — Dickens (Ch.). The Pickwick papers. *London, Chapman*, 1837, 2 vol. in-8°, v. *Illustrations por Seymour, Weller, Phiz.*

55 — Diorama anglais, ou promenades pittoresques à Londres. *Paris, Didot*, 1823, in-8°, d.-rel. mar. rouge, coins, non rogné. *24 gravures en couleur.*

56 — Du Laurens. Le Compère Mathieu, ou les bigarrures de l'Esprit humain. *Londres*, 1777, 3 vol. in-8°, mar. vert, fil. tr. dor., rel. anc.

57 — Duméril. Entomologie analytique. Histoire générale, classification naturelle des insectes. *Paris, Didot*, 1860, 2 vol. in-4°, d.-rel. chag.

58 — Étrennes gaillardes, dédiées à ma commère. Recueil nouveau de contes en vers, de chansons... *Lampsaque (Paris)*, 1784, in-18, mar. rouge, fil. tr. dor.

59 — Famin. Musée royal de Naples. Peintures, bronzes et statues du Cabinet secret. *Paris*, 1857, in-4°, d.-rel. mar. *60 planches.*

60 — Favart. Théâtre. *Paris*, 1763, 10 vol. in-8°, v. *Portr. et figures par Boucher, Eisen et Gravelot.*

61 — **Febvre et Jonhson**. Album de la Comédie-Française. *Paris, Ollendorff*, 1880, gr. in-4°, d.-rel. mar. rouge, coins, n. rog. *Portraits.*

62 — **Fournel**. Les contemporains de Molière. *Paris, Didot*, 1863, 2 vol. in-8°, d.-rel. mar. n. rog.

63 — **Fournier** (Ed.). Œuvres. *Paris, Dentu*, 1859-66, 11 vol. in-12, d.-rel. mar. rouge, n. rognés.

> L'esprit des autres. — Le Vieux-Neuf. — Enigmes des rues de Paris. — L'Esprit dans l'histoire. Histoire du Pont-Neuf. — Le roman de Molière. — Légendes des rues de Paris. — Comédie de La Bruyère.

64 — **France galante** (La), ou Histoires amoureuses de la Cour. *Cologne, P. Marteau*, 1696, in-12, fig., mar. rouge, tr. dor. (*Hardy*).

65 — **François de Sales**. Introduction à la vie dévote. *Paris, Curmer*, 2 vol. gr. in-8°, en livraisons.

66 — GALERIE DRAMATIQUE (**Petite**) ou Recueil de différens costumes d'acteurs des

théâtres de la Capitale. *Paris, Martinet,* 1805 à 1815, 4 vol. in-8°, d.-rel. mar. rouge, montés sur onglets.

Importante collection de 552 planches coloriées.

67 — GALERIE DRAMATIQUE. Costumes d'acteurs des théâtres de Paris. Période de 1820 à 1850, 4 vol. in 8°, d.-rel. mar. rouge, montés sur onglets.

Recueil d'environ 750 planches coloriées publiées la plupart chez Hautecœur-Martinet et chez Aubert.

68 — GALERIE DRAMATIQUE. Costumes d'acteurs des théâtres de Paris. Période de 1840 à 1870. *Paris, Martinet-Hautecœur,* 10 vol. gr. in-8° et in-4°, d.-rel. mar. rouge, têtes dorées, n. rognés, montés sur onglets.

Suite de 1000 planches coloriées.

69 — GALERIE historique des portraits des comédiens de la troupe de Molière, gravés à l'eau-forte par Hillemacher. *Lyon, Scheuring,* 1869, in-8°, mar. rouge, fil. tr. dor.

70 — GALERIE historique des portraits des comé-

diens de la troupe de Voltaire, par De Manne. *Lyon, Scheuring*, 1861, in-8º, mar. rouge, fil. tr. dor. *Portraits à l'eau-forte par F. Hillemacher.*

71 — GALERIE historique des comédiens de la troupe de Talma et de la Comédie-Française, par de Manne et Ménétrier. *Lyon, Scheuring*, 1866-76, 2 vol. in-8º, mar. rouge, fil. tr. dor. *Portraits à l'eau-forte par Hillemacher.*

72 — GALERIE historique des comédiens de la troupe de Nicolet, par De Manne et Ménétrier. *Lyon, Scheuring*, 1869, in-8º, mar. rouge, fil. tr. dor. *Portraits à l'eau-forte par F. Hillemacher.*

73 — FEU SÉRAPHIN. Histoire de ce spectacle, 1776-1879, *Lyon, Scheuring*, 1875, in-8º, d.-rel. mar. n. rog. *Fig.*

74 — CIRQUE FRANCONI (LE). Détails sur cet établissement et sur ses principaux écuyers. *Lyon*, 1875, in-8º, d.-rel. mar. coins, n. rog. *Portr. par Hillemacher.*

75 — GARNIER. Histoire de l'Imagerie populaire
et des cartes à jouer à Chartres. *Chartres.*
1869, in-8º, d.-rel. mar. bl. n. rog. *Fig.*

76 — GAUTIER (TH.). Histoire de l'Art dramatique en France depuis vingt-cinq ans. *Paris,
Hetzel,* 6 vol. in-12, d.-rel. mar. n. rog.

77 — GERSON. De l'Imitation de Jésus-Christ,
trad. par l'abbé Delaunay. *Paris, Tross,* 1869,
in-8º, d.-rel. mar. rouge, n. rog. *Encadrements gravés sur bois.*

78 — GŒTSCHY. Les jeunes peintres militaires.
Paris, Baschet, 1878, in-fol. d.-rel, *Fig.*

79 — GOLDSMITH. Le Vicaire de Wakefield, trad.
par Ch. Nodier. *Paris.* 1838, gr. in-8º, v.
vert. *Fig. de T. Johannot.*

80 — GOUFFÉ. Le Livre de cuisine. *Paris, Hachette,* 1870, gr. in-3º, d.-rel. mar. br. non
rogné. *Planches en couleur.*

81 — GRANDVILLE. Cent proverbes. *Paris, Fournier,* 1845, gr. in-8º, d.-rel. mar. bl. *Fig.*

82 — GRANDVILLE. Petites misères de la vie humaine. *Paris, Fournier*, 1846, gr. in-8°, d.-rel. mar. rouge. *Fig.*

83 — GRANDVILLE. Un autre monde. *Paris, Fournier*. 1844, gr. in-8°, d.-rel. mar. bleu, non rogné.

84 — GRÉCOURT. Œuvres complètes. *Paris, Chaignieau*, 1796, 4 vol. in-8°, veau vert, fil. (*Duplanil.*)

> Portrait et 8 figures par Fragonard fils.
> Exemplaire en papier vélin avec les figures avant la lettre.

85 — GRESSET. Œuvres. *Paris, Renouard*, 1811, 2 vol. in-8°, d.-rel. *Fig. de Moreau.*

86 — GUILLEMIN. Le Ciel. Notions d'astronomie. *Paris, Hachette*, 1870, gr. in-8°, d.-rel. chag. *Fig.*

87 — GUILLEMIN. Les phénomènes de la physique, *Paris, Hachette*, 1869, gr. in-8°, d.-rel. chag. *Fig.*

88 — Hancarville (H. d'). Monumens de la vie privée des douze Césars. — Monumens du culte secret des Dames Romaines. *A Caprée, chez Sabellus*, 1784, 2 vol. in-4°, v. fauve, tr. dor., rel. anc. *100 planches.*

89 — Hoffmann. Contes fantastiques, trad. par Christian. *Paris, Lavigne*, 1843, gr. in-8°, d.-rel., n. rog. *Fig. de Gavarni.*

90 — Horace. Œuvres, trad. par Leconte de Lisle. *Paris, Lemerre*, 1873, 2 vol. pet. in-12. Portr. et front., mar. rouge, fil, tr. dor. (*R. Petit*).

91 — Houssaye (A.). Les Femmes du temps passé. *Paris, Morizot*, 1863, gr. in-8°, d.-rel. mar. *Fig.*

92 — Houssaye (A.). Les Grandes Dames. — Les Parisiennes. *Paris, Dentu*, 1868, 8 vol. in-8°, d.-rel. chag. bl. *Fig.*

93 — Huysmans. Croquis parisiens. Eaux-fortes de Forain et Raffaelli. *Paris, Vaton*, 1880, in-8°, papier de Hollande, d.-rel. mar. br., non rogné. *Édition originale.*

94 — IMAGERIE de la faïence. Assiettes à emblêmes patriotiques. Période révolutionnaire. *Beauvais*, in-4°, cart. *118 planches en couleur.*

95 — IMITATION DE JÉSUS-CHRIST. *Paris, Curmer*, 1856, 2 vol. pet. in-4°, cuir de Russie, tr. rouge.

> Miniatures et ornements en couleur tirés des plus beaux manuscrits des XIII° au XVI° siècle.

96 — INTERMÉDIAIRE des Chercheurs et Curieux. *Paris*, 1re année, 1864 à 1869, 5 vol. gr. in-8°, d.-rel. chag., n. rognés.

97 — JACQUEMIN. Iconographie générale et méthodique du costume du IVe au XIXe siècle, d'après des documents authentiques inédits. *Paris, l'auteur*, s. d., in-fol°, d.-rel. mar. rouge, tête dorée, n. rog. *200 planches coloriées.*

98 — KOCK (P. de). La Grande Ville. Nouveau tableau de Paris. *Paris*, 1842, 2 tomes en 1 vol. gr. in-8°, d.-rel. *Fig. de Gavarni, Daumier.*

99 — LABESSADE (L. de). Les ruelles du XVIIIe siècle. *Paris, Rouveyre*, 1879, 2 vol. in-8°,
d.-rel. mar. rouge, n. rog. *Eaux-fortes par
Mongin.*

100 — LACROIX (P.). XVIIIe siècle. Institutions,
usages et costumes. *Paris, Firmin-Didot*,
1875, petit in-4°, d.-rel. mar. rouge, n. rogné. *Pl. en couleur. Grand papier.*

101 — LA GRANGE (Registre de), 1658-1685. Ar-
chives de la Comédie-Française. *Paris,
Claye*, 1876, in-4°, d.-rel., mar. bl., coins
n. rog.

102 — LA FONTAINE. Contes et Nouvelles
en vers. *Amsterdam (Paris)*, 1762, 2 vol.
in-8°, veau fauve, fil. tr. dor., rel. anc.
Figures, vignettes et *culs-de-lampe, par
Eisen et Choffard.*

    Édition dite des Fermiers-Généraux.

103 — LA FONTAINE. Fables. Édition illustrée,
par Grandville. *Paris, Fournier*, 1838, 2 vol.
in-8°, d.-rel., v. rose.

104 — LAUJON. Les A-propos de société et de la folie. *Paris*, 1776, 3 vol. in-8°, d.-rel. mar. citr., têtes dorées, non rognés. *Figures et vignettes de Moreau.*

105 — LEMERCIER DE NEUVILLE. Le Théâtre des Pupazzi. *Lyon, Scheuring*, 1876, in-8°, d.-rel. mar. rouge, coins, n. rog. *Fig.*

106 — LESAGE ET D'ORNEVAL. Le Théâtre de la Foire. *Paris*, 1737, 10 vol in-12, v. *Fig.*

107 — LEVACHER DE CHARNOIS. Costumes et annales des grands théâtres de Paris. *Paris, Janinet*, 1786-1789, 4 vol. in-8°, d.-rel. chag. br., tr. marb.

> Publication complète comprenant 176 numéros avec 176 gravures en couleur par Janinet et Alix.

108 — LIREUX (Aug.). Assemblée nationale comique. *Paris, Lévy*, 1850, gr. in-8°, d.-rel. mar. rouge, coins, n. rogné. *Illustr. de Cham.*

109 — LIREUX, G. DE NERVAL, etc. La Revue

Comique. *Paris*, 1848-49, 2 part. en 1 vol. gr. in-8°, d.-rel. chag. *Fig. de Bertall, Lorenz, etc.*

110 — LIVRE de prières publié par Ch. Mathieu. *Paris*, 1858, in-12, mar. rouge, fil. tr. dor. (*R. Petit.*) *Ornements en couleur.*

111 — LOUVET DE COUVRAY. Les Aventures du chevalier de Faublas. *Paris, Mallet,* 1842, 2 vol. gr. in-8°, d.-rel. chag., tr. dor. *Illustr. par Baron, Français et Nanteuil.*

112 — LUSSE (De). Recueil de romances historiques, tendres et burlesques. 1767, in-8°, mar. rouge, fil. tr. dor., rel. anc. *Vignettes d'Eisen.*

113 — MARESCHAL. La Faïence populaire au XVIII° siècle. *Beauvais,* 1872, gr. in-8°, cart., n. rog. *Pl. en couleur.*

114 — MARESCHAL. Les Faïences anciennes et modernes, leurs marques et décors. *Paris, Eug. Delaroque,* 1874, gr. in-8°, cart. *Pl. en couleur.*

115 — MARGUERITTE DE NAVARRE.
Heptameron françois. Les Nouvelles de Marguerite, Reine de Navarre. *Berne, Société typographique*, 1780, 3 vol. in-8°, mar. rouge, fil. dent. intér., tr. dor. (*Allò*).

> Front. et 73 figures, par Freudenberg. 72 vignettes et 72 culs-de-lampe, par Dunker.

116 — MARIVAUX. Œuvres complètes. *Paris, Haut-Cœur*, 1825, 10 vol. in-8°, d.-rel. chag., n. rog. *Portr.*

117 — MAROTTES à vendre ou Triboulet tabletier. *Londres, Harding*, 1812, in-18, d.-rel., mar. br., n. rog.

118 — MARTIAL. Ancien Paris, 300 planches à l'eau-forte en 3 vol. in-fol., d.-rel., mar. rouge, coins, n. rognés.

119 — MAURICE (Ch.). Histoire anecdotique du théâtre. *Paris, Plon*, 1856, 2 vol. in-8°, d.-rel. mar.

120 — MAYEUR DE SAINT-PAUL. Le Chroniqueur désœuvré ou l'Espion du boulevard du Temple. *Londres*, 1782, in-8°, d.-rel.

121 — Ménard (R.). L'Art en Alsace-Lorraine. *Paris*, 1876, pet. in-4°, d. rel. mar. rouge, n. rogn. *Planches.*

122 — Mille et un Jours (Les). Contes persans, turcs et chinois, trad. par Petit de La Croix, Caylus, etc. *Paris, Pourrat*, gr. in-8°, d. rel. mar. vert, coins, tête dorée, n. rog. *Fig.*

123 — Mille et une Nuits (Les). Contes arabes, trad. par Galland. *Paris, Bourdin*, 3 vol. gr. in-8°, d. rel. mar. rouge, têtes dorées, n. rog. *Fig.*

124 — Molière. Œuvres, avec des remarques grammaticales et des observations, par M. Bret. *Paris, Libraires associés*, 1773, 6 vol. in-8°, v. marb., tr. dor. *Figures par Moreau.*

Premier tirage.

125 — Monde illustré (Le). *Paris*, 1872-1888, 30 vol. in-fol., cart. *Fig.*

126 — Monet. Anthologie françoise ou chansons

choisies. — Chansons joyeuses (par Collé).
Paris, 1765, 4 tomes en 2 vol. in-8°, v. *Fig.
de Gravelot.*

127 — MOQUIN-TANDON. Histoire naturelle des
molusques terrestres et fluviatiles de France.
Paris, Baillière, 1855, 2 vol. de texte et
atlas de planches coloriées, gr. in-8°, br.

128 — MURAILLES RÉVOLUTIONNAIRES (Les). *Paris,
Bry*, 1856, 2 tomes en 1 vol. — Les Murailles
politiques françaises, 1870-1871. *Paris*, 1874,
3 vol. Ens. 4 vol. in-4°, d. rel.

129 — NOGARET. Le fond du sac, ou recueil de
contes. *Paris, Leclère*, 1866, in-8°, d. rel.
mar. bl., n. rog. *Vignettes.*

130 — OUVILLE (L'Élite des contes du sieur d').
Lyon, Talebard, s. d., 2 parties en 1 vol.
in-12, mar. rouge, fil. tr. dor.

131 — PARNASSE SATYRIQUE du XIXe siècle, et
nouveau Parnasse. *Bruxelles*, 1866, 3 vol.
in-12, d. rel. mar. citr., coins, têtes dorées,
n. rognés. *Frontispice par Rops.*

132 — Parny. Œuvres diverses. La guerre des dieux. *Paris*, 1799-1802, 3 vol. in-12, d. rel. mar. rouge, coins, têtes dorées, n. rog. (*Cuzin*) *Portrait et 10 eaux-fortes ajoutées.*

133 — Passe-Temps agréable ou nouveau choix de bons mots. *Rotterdam*, 1724, 2 vol. in-12, d. rel. v.

134 — Peignot. Amusements philologiques. *Dijon*, 1842, in-8º, d. rel. mar. br., tête dorée, n. rog. *Grand papier.*

135 — Picard. Œuvres. *Paris, Barba*, 11 vol. in-8º, d. rel. mar. br., n. rog.

136 — Pièces de théatre. (Recueil de 177) *Paris*, 1775-1785, 25 vol. in-8º, v. marb. dos de maroq. rouge, tr. dor.

Aux armes de la comtesse d'Artois.

137 — Podestat. (Maur. de). La Comédie au boudoir. *Paris, Lacroix*, 1868, in-12, d. rel. mar. or., coins, tête dorée, n. rog. (*Cuzin*). *Eaux-fortes par Morin*, Lalanne, etc.

Papier de Hollande.

138 — Pogge. Faceties trad. en français. *Paris,
Liseux*, 1878, 2 vol. in-12, d. rel. mar., n.
rog.

139 — Poisson. Œuvres de théâtre. *Paris,
Vve Duchesne*, 1766, 4 vol. in-12, mar. rouge,
fil. tr. dor. (*Chambolle-Duru*).

140 — Ponsard. Œuvres complètes. *Paris,
M. Lévy*, 1865-76, 3 vol. in-8º, d. rel.
chag. bl.

141 — Porel et Monval. L'Odéon. Histoire du
second Théâtre-Français. *Paris, Lemerre*,
1876, 2 vol. in-8º, d.-rel. mar. br., n. rog.
(*R. Petit*).

142 — Pouchet. L'Univers. *Paris, Hachette*,
1872, gr. in-8º, d.-rel. mar. *Fig*.

143 — Quicherat. Histoire du Costume en
France. *Paris, Hachette*, 1875, gr. in-8º,
d.-rel. mar. rouge, n. rogné. *Fig*.

144 — Racine (J.). Œuvres complètes, avec les

notes de tous les commentateurs. *Paris, Lefèvre*, 1825, 7 vol. in-8°, d.-rel. mar. bleu,
coins, têtes dorées, non rognés. (*Allô*).

> Bel exemplaire en papier velin, lavé et encollé,
> contenant :
> 1° 10 portraits ;
> 2° La suite de 12 fig. de Moreau pour l'édition
> Renouard ;
> 3° La suite de 12 fig. de Moreau, avant la lettre,
> pour l'édition Ménard ;
> 4° La suite de 12 fig. de Gravelot avant la lettre ;
> 5° La suite de 12 fig. de Le Barbier avant la
> lettre ;
> 6° La suite de 12 fig. de Desenne en deux états,
> avant la lettre, sur chine et eaux-fortes ;
> 7° La suite de 56 fig. de Chaudet, Gérard, Giro-
> det, Moitte, etc., avant la lettre.

145 — RECUEIL de pièces choisies rassemblées
par les soins du Cosmopolite. *Leyde*, 1865,
in 12, d.-rel. mar. citr., tr. dor.

146 — RECUEIL de pièces rares et facétieuses
anciennes et modernes, en vers et en prose.
Paris, Barraud, 1872, 4 vol. in-8°, d.-rel.
mar., n. rog. *Fig*.

147 — RECUEIL des fêtes et spectacles donnés
devant Leurs Majestés à Versailles, Fontai-

nebleau et Trianon pendant l'année 1776.
Paris, Ballard, 1776, in-8°, mar. rouge, fil.
tr. dor. Reliure ancienne.

148 — RECUEIL dit de Maurepas. Pièces libres,
chansons, épigrammes des siècles de Louis
XIV et de Louis XV. *Leyde*, 1865, 6 vol.
in-12, mar. rouge, fil., têtes dorées, n. rognés.

149 — REGNARD. Œuvres. *Paris, Maradan,*
1790, 4 vol. in-8°, v. marb., tr. dor. *Figures
de Borel.*

150 — RESTIF DE LA BRETONE. Le Paysan et la
Paysane pervertis; ou les dangers de la ville.
La Haye, 1784, 4 vol. in-12, d.-rel. mar.
rouge, non rognés. *114 Figures de Binet.*

151 — REVUE ANECDOTIQUE des lettres et des arts
et la Petite Revue. *Paris*, 1re année 1855 à
1867, 27 tomes en 13 vol. in-12, d.-rel. mar.,
coins, n. rog.

152 — RIS-PAQUOT. Histoire des faïences de
Rouen. *Paris*, 1870, in-4°, d.-rel. mar. bl.
Pl. en couleur.

153 — RIS-PAQUOT. Manuel du collectionneur de faïences anciennes. *Amiens*, 1877, in-8º, d.-rel. mar. rouge, n. rog. (*R. Petit*). *Fig. en couleur.*

154 — RIVIÈRE DU FRESNY. Œuvres. *Paris, Barrois*, 1779, 4 vol. in-12, v. f., fil., tr. dor. *Portr.*

155 — ROGER BON-TEMPS en belle humeur donnant aux tristes et aux affligés le moyen de chasser leurs ennuis. *Amsterdam.* 1789, 2 part. en 1 vol. in-12, d.-rel. mar., n. rog.

156 — SAINT-ALBIN (A. de). Les Salles d'armes de Paris. *Paris, Glady*, 1875, in-8º, d.-rel. mar., n. rog. *Eaux-fortes.*

157 — SAINTE-BIBLE (La). Trad. par Lemaistre de Sacy et par le P. Lallemant. *Paris, Curmer*, 1860, 5 vol. in-4º, d.-rel. mar. br., coins, n. rog. *Fig.*

158 — SAINTS ÉVANGILES (Les). Traduction de Bossuet. *Paris, Hachette*, 1873, 2 vol.

gr. in-fol., mar. rouge, fil. dent. intér., tr. dor. *Planches dessinées par Bida et gravées à l'eau-forte par Hédouin, Gaucherel, Flameng, etc.*

Bel exemplaire.

159 — SAND (Maurice). Masques et bouffons. *Paris, A. Lévy*, 1862, 2 vol. gr. in-8°, d.-rel. v. fauve, n. rognés. *Figures coloriées.*

160 — SARCEY. Comédiens et Comédiennes. La Comédie-Française. *Paris, Jouaust,* 1876, in-8°, d.-rel. mar. br., n. rog. (*R. Petit*). *Eaux-fortes par Gaucherel.*

161 — SCARRON. Le roman comique. *Paris, Didot,* 1796, 3 vol. in-8°, d.-rel. mar. rouge, coins, tr. dor. (*Allô*). *Figures de Le Barbier.*

162 — SCRIBE (Eug.). Théâtre. *Paris, Lévy,* 1856, 20 vol. in-12, d.-rel. chag.

163 — SHAKSPEARE. Œuvres complètes, trad. par Guizot. *Paris, Didier,* 1868, 8 vol. in-8°, d.-rel. mar. br., n. rog.

164 — Souvenirs et regrets du vieil amateur
dramatique ou lettres sur l'ancien Théâtre
Français. *Paris, Leclere*, 1861, in-8°, d.-rel.
mar. rouge, coins, tête dorée, n. rog. (*David*).
Figures coloriées.

165 — Tallemant des Réaux. Les historiettes.
Paris, Techener, 1854, 9 vol. in-8°, d.-rel.
chag.

166 — Théatre. 11 vol. in-18, reliés.

> Almanach des spectacles, 1786. — Etrennes de
> Thalie, 1786. — Annuaire dramatique, 1808. —
> Mémorial dramatique, 1809. — Almanach des
> spectacles, 1818, 1823, 1824, 4 vol. Fig. coloriées.
> — Biographie dramatique, 1824. — Histoire des
> petits théâtres de Paris, par Brazier, 1838, 2 vol.

167 — Théatre des Boulevards ou Recueil
de Parades (par Collé, Fagan, etc.). *Paris*,
1756, 3 vol. in-12, v. *Front.*

168 — Théatre Français au XVIe, XVIIe et XVIIIe
siècles, avec notes, par Ed. Fournier et J.
Janin. *Paris, Laplace*, 1872, 2 vol. gr. in-8°,
d.-rel. chag. rouge, n. rognés. *Fig. coloriées.*

169 — THÉATRE inédit du XIXᵉ siècle. Recueil de
pièces de divers auteurs. *Paris, Laplace,*
1877, gr. in-8º, d.-rel. chag., n. rog. *Fig.*

170 — THÉATRE Lyonnais de Guignol, publié
pour la première fois, avec des notes. *Lyon,
Scheuring,* 2 vol. in-8º, d.-rel. mar. vert,
n. rog. *Fig.* Papier de Hollande.

171 — THÉATRES de Paris (Les). Notices et portraits. *Paris, Biendiné* (vers 1865), gr. in-8º,
d.-rel. mar. rouge, coins, n. rog. *Portraits
coloriés.*

172 — THÉATRES ÉTRANGERS (Chefs-d'œuvre des),
traduits en français. *Paris, Ladvocat,* 1822,
25 vol. in-8º, d.-rel., v. rose, n. rognés
(Kleinhans).

> Grand papier vélin.

173 — THÉIS. Le Singe de La Fontaine ou contes
et nouvelles en vers. *Florence,* 1773, 2 tomes
en 1 vol. in-12, mar. or, fil., tr. dor. *(Cuzin.)
Titres par Moreau.*

174 — THÉOPHILE. Le Parnasse satyrique, suivi

du nouveau Parnasse satyrique. (*Bruxelles*, *Poulet-Malassis*), 1864, 2 vol. in-12, d.-rel. mar. rouge, coins, têtes dorées, n. rognés. *Frontispice par Rops.*

175 — TOPFFER. Voyages en Zigzag. *Paris*, *Lecou*, 1854-55, 2 vol. gr. in-8°, d.-rel. chag. tr. dor. *Fig.*

176 — UZANNE (OCT.). L'Éventail. Illustrations de Paul Avril. *Paris, Quantin*, 1882, gr. in-8°, mar. or. fil. dent. tr. dor. couvert. (*R. Petit*).

177 — UZANNE (OCT.). L'Ombrelle, le gant, le manchon. *Paris, Quantin*, 1883, gr. in-8°, br. *Illustr. de P. Avril.*

178 — VIOLLET-LE-DUC. Dictionnaire raisonné du mobilier français de l'époque carlovingienne à la Renaissance. *Paris*, 1858, 6 vol. gr. in-8°, d.-rel. mar. rouge, têtes dorées, n. rognés, *Planches.*

179 — VOLTAIRE. Romans et contes. *Bouillon*,

aux dépens de la Société typographique,
· 1778, 3 vol. in-8°, mar. rouge, fil., comp.,
dent. inter. tr. dor. (*Alló*).

> Portrait, vignettes et 57 figures par Monnet.
> Moreau et Marillier.
>
> Bel exemplaire dans lequel on a inséré la suite
> des 34 figures de Moreau, édition Renouard,
> épreuves avant la lettre.

180 — WAHLEN. Ordres de chevalerie et marques
d'honneur. *Bruxelles*, 1844, gr. in-8°, d.-rel.
mar. rouge, coins, n. rog. *Planches coloriées.*

181 — Quantité de Romans et Musique.

DIAMANTS, BIJOUX

182 — Paire de gros boutons d'oreilles, brillants solitaires.

183 — Paire de gros boutons d'oreilles, perles, entourages brillants.

184 — Broche, nœud en brillants, ornée de deux pendants, perles, poires.

185 — Broche-pendant de cou, trèfle, ornée de rubis, émeraude, saphir et brillants.

186 — Broche ou fermoir-applique ornée de roses, monture ancienne.

187 — Bague jumelle, deux perles, ornée de brillants et roses.

188 — Bague, saphir, deux brillants, monture or et roses.

189 — Bague jumelle, rubis et émeraude, monture ornée de brillants.

190 — Bague, cinq corps, avec brillants rubis, saphirs, émeraudes et roses monture or.

191 — Bague, un brillant, monture or et émail, genre Renaissance.

192 — Deux épingles de coiffure ornées de brillants solitaires.

193 — Bracelet, trois corps, monture or, orné de brillant, rubis, émeraudes, saphirs et roses.

194 — Bracelet avec montre remontoir, chaîne or, enrichi de brillants et roses.

195 — Bracelet, cinq corps, cabochon grenat et demi-perles, monture or.

196 — Bracelet-chaîne, monture or, applique grenats et perles.

197 — Bracelet-chaîne or, orné de trois médaillons avec perles et roses.

198 — Bracelet maillons or, orné de plaques jaspe, rubis et roses.

199 — Bracelet or, cinq rangs de chaîne.

200 — Collier-chaîne, tissu or mat.

201 — Broche-pendant de cou, monture or, ancienne, enrichie de roses.

202 — Broche-pendant de cou, avec peinture, monture or, ancienne, enrichie de roses.

203 — Broche or, peinture sur émail, entourage demi-perles.

204 — Broche or, trèfle avec perle, brillant et roses.

205 — Broche, peinture sur émail, monture or ciselé et roses genre ancien.

206 — Broche camée négresse, monture or et rubis.

207 — Broche mouche, œil de tigre, monture or et roses.

208 — Broche mouche gravée sur cristal, monture or.

209 — Parure-chaîne or, formant châtelaine avec broche jaspe, rubis et roses, groupe de clés et cachet.

210 — Chaîne Régence or mat, avec pendant, boule, rubis et roses.

211 — Chaîne sautoir tout or.

212 — Chaîne de gilet or rouge, avec cachet.

213 — Médaillon camée, avec entourage en roses, monture or.

214 — Médaillon onyx et roses, monture or.

215 — Cassolette jaspe, rubis et roses, monture or.

216 — Boutons d'oreilles, perles fausses, monture or avec brillants.

217 — Deux paires boutons d'oreilles, peinture sur émail, montures or, avec demi-perles.

218 — Deux paires boutons d'oreilles or mat, genre étrusque, avec améthystes.

219 — Deux bagues forme marquises, marcassite, montures or.

220 — Deux bagues marquises, peinture, turquoises et perles, montures or.

221 — Trois bagues, un saphir, un brillant et roses, montures or.

222 — Montre ancienne or de couleur, ciselée avec peinture sur émail et perles.

223 — Montre d'homme or, remontoir à ancre et secondes indépendantes, chiffre or en relief.

224 — Montre d'homme or, remontoir à ancre et répétition, fond guilloché.

225 — Deux montres or, dont une savonnette remontoir à cylindre, fonds guillochés et gravés.

226 — Deux paires boutons manchettes or, avec scarabées, onyx et cabochons lapis.

227 — Trois paires boutons manchettes or, améthystes et coraux.

228 — Trois épingles de cravate, émaux peinture et Nicolo gravé montures or.

229 — Trois épingles de cravate, médailles argent mosaïque, montures or et argent.

230 — Six décorations ordres étrangers, Christ et Saint Sépulcre, montures or et argent.

231 — Deux épingles coiffure, Nicolo et boule or mat, ornées de roses.

232 — Deux cachets et une clé, Nicolo, avec roses et pierres de couleur, montures or.

233 — Lot composé d'une cassolette, broche chiffre et dé or.

234 — Lot composé de dix bagues ou alliances or.

235 — Groupe composé de clés, cachet et médaillons or.

236 — Deux pendants d'oreilles poires lapis, monture or et roses.

237 — Quatre boucles strass, montures argent.

238 — Deux épingles coiffure et une agrafe argent.

239 — Broche et deux paires de boucles d'oreilles onyx et jais, montures argent et or.

ARGENTERIE

240 — Boîte argenterie en chêne renfermant :

Vingt-quatre cuillers de table, argent.

Soixante fourchettes de table, argent.

Vingt-quatre cuillers entremets, argent.

Vingt-quatre fourchettes entremets, argent.

Trente-six cuillers à café, argent,

Deux cuillers et une pince à sucre.

Le tout avec armoiries et chiffre en relief.

241 — Boîte argenterie en maroquin renfermant :

> Dix-huit cuillers table, argent modèle ruban.
>
> Dix-huit fourchettes de table, argent, modèle ruban.
>
> Dix-huit cuillers entremets, argent, modèle ruban.
>
> Dix-huit fourchettes entremets, argent, modèle ruban.
>
> Dix-huit cuillers à café argent, modèle ruban.
>
> Une louche, une cuiller à sauce, une cuiller à sucre, une pince à sucre mêmes modèles, argent.
>
> Plus : Douze fourchettes de table, même modèle, argent (se trouvent en dehors de la boîte).

242 — Boîte argenterie maroquin renfermant :

> Dix-huit couteaux de table, lames acier.
>
> Dix-huit couteaux à dessert, lames acier.
>
> Dix-huit couteaux à dessert, lames argent.

Dix-huit fourchettes à huîtres, argent.

Une truelle à poisson, argent.

Quatre pièces hors-d'œuvres, argent.

Une pièce à découper, argent,

Le tout, montures argent, manches ivoire.

243 — Boîte maroquin renfermant deux bouts de table, deux salières, un moutardier, six pelles à sel, style Louis XVI, à guirlandes, intérieurs cristaux bleus.

244 — Service en argent uni composé de quatre pièces : théière, cafetière, sucrier et pot à crème.

245 — Grand plat creux argent à contours.

246 — Deux plats ovales argent à contours.

247 — Quatre plats ronds argent à contours.

248 — Deux plats creux argent de forme carrée.

249 — Grande cafetière argent. Époque Louis XV.

250 — Grande chocolatière argent. Époqu
Louis XV.

251 — Cafetière argent. Style arabe.

252 — Deux vases avec couvercles, argent allemand. Style Louis XV.

253 — Pinte argent repoussé. Fabrication anglaise.

254 — Douze coquilles à glaces argent. (Modèle
d'Odiot.)

255 — Cafetière mignonnette argent à côtes.

256 — Coupe argent gravé, intérieur vermeil.
(Fabrication russe.)

257 — Gobelet argent, tête de cerf, ciselé, intérieur vermeil.

258 — Quatre salières argent, style Louis XVI,
avec cristaux bleus.

259 — Deux salières argent, style Louis XVI,
avec cristaux.

260 — Moutardier argenterie anglaise avec cristal bleu.

261 — Timbale argent unie et couvert assorti.

262 — Rond de serviette argent guilloché.

263 — Vingt-quatre couteaux de table, lames acier, manches argent.

264 — Vingt-quatre couteaux à dessert, lames et manches argent.

265 — Deux cuillers à sucre, argent.

266 — Service à salade, manches argent.

267 — Service à découper, manches argent.

268 — Paire de ciseaux à raisins en argent.

269 — Pelle à glace argent, manche ivoire.

270 — Deux truelles à poisson, argent.

271 — Six cuillers et fourchettes, argent fantaisie.

PLAQUÉ

272 à 280 — Plateaux, plats, réchauds, services
à thé, huiliers, ménagères, légumiers, lampe de
fumeur, dessous de carafes, couverts, louches
et brochettes.

ORFÈVRERIE

281 — Encrier de forme oblongue à ressauts en
argent repoussé : figurines supportées par des
colimaçons. Travail allemand. Socle en bois
noir sculpté.

282 — Vidrecome en argent gravé à rinceaux
fleuris et oiseaux; le bouton du couvercle
ainsi que les pieds sont formés de graines. Il
porte des poinçons dont l'un est daté 1746
avec, au-dessus, la figure équestre de saint
Georges.

283 — Vase à boire en forme de tête de cerf en
argent; son bord supérieur est décoré d'ornements gravés et il est doré à l'intérieur.

284 — Vidrecome en argent doré en partie et repoussé à rinceaux et fleurons, avec médaillons ovales renfermant des figurines de génies. Allemagne, XVIIe siècle.

285 — Gobelet couvert en argent repoussé à fleurs sur fond doré. Il repose sur trois boules unies. Allemagne, XVIIIe siècle.

286 — Gobelet analogue non couvert et plus petit.

287 — Gobelet de même travail encore plus petit.

288 — Petit bénitier surmonté d'un Christ en croix, en argent appliqué sur velours bleu.

289 — Autre bénitier en argent repoussé à fleurs, draperies et figurine de vierge.

290 — Petit plat ovale en argent repoussé. Au fond, un satyre buvant ; au marli, rinceaux et cornes d'abondance.

291 — Petite coupe à vin de forme ovale à lobes,

en argent repoussé à fleurs et ornements et à
deux petites anses en S. Allemagne, xvii^e
siècle.

292 — Cinq pièces : deux petites cassolettes et
trois petites cuillers en argent, l'une d'elles
contournée, l'autre en forme de hotte. Travail
hollandais.

293 — Étui-nécessaire en forme de poisson en
argent. Travail hollandais.

294 — Deux cuillers hollandaises en argent,
dont les manches se terminent par des groupes
de personnages.

295 — Petite tasse à déguster en argent. Au fond,
un suivant de Bacchus sur un tonneau.

296 — Coupe ronde et basse en argent repoussé,
à bossages et à deux anses en S ciselées et
repercées à jour. Au fond, médaillon rond
représentant des jeux d'enfants en relief.
Allemagne, xviie siècle.

297 — Plateau ovale en argent. Le marli re-

poussé est décoré de têtes de génies ailés et de trophées d'armes entourés d'ornements. XVIIe siècle.

298 — Deux salières ovales Louis XVI à quatre pieds, décorées de rosaces ciselées.

OBJETS DE VITRINE

299 — Boîte ronde en agate orientale blonde mamelonnée, taillée à côtes et à cuvette et montée à gorge à charnière, en argent doré.

300 — Drageoir oblong à angles coupés, en argent gravé à fleurs et rinceaux, avec dessus sous verre en argent repercé et fond en verre bleu. XVIIIe siècle.

301 — Face à main, du temps de l'Empire, en argent doré.

302 — Trois pièces : médaillon ovale en argent guilloché, ciselé et doré, et deux boucles de souliers en argent à filets.

303 — Deux boucles de souliers, du temps de
Louis XV, en strass, montées en argent et or
gravé.

304 — Douze boutons olives en argent doré et
repercé à jour, rehaussés d'émail à froid.
Travail allemand moderne.

305 — Deux petits émaux ovales peints en camaïeu brun : Militaire et Jardinière. Allemagne, xviiie siècle.

306 — Éventail Louis XVI, à monture de nacre
sculptée à figures et ornements et rehaussée
de dorure. La feuille représente Vénus et
Adonis entourés d'amours.

307 — Petit éventail en ivoire sculpté et décoré
au vernis : scène d'intérieur Régence avec
encadrements de feuillages dorés.

308 — Deux petits tableaux russes : le Christ et
la Vierge avec recouvrement d'argent repoussé.

309 — Deux petits émaux ovales : Souverain
oriental et Paysanne hollandaise.

OBJETS VARIÉS

3 10 — Plaque rectangulaire peinte en émaux de
couleur par *J. Laudin* : Saint Grégoire vu à
mi-corps. On lit au revers en caractères dorés :
*Laudin au faux bourgs de Manigne à Li-
moges.*

3 11 — Autre petite plaque d'émail : Jésus enfant
vu à mi-corps, dans un médaillon ovale.
Les angles de la plaque sont décorés d'ornements blancs en relief.

3 12 — Bas-relief ovale en ivoire représentant une
scène mythologique, dans un cadre en argent
doré, décoré de fleurs ciselées. xviie siècle.

3 13 — Miniature ronde dans le goût de Frago-
nard : Le Passage du gué. Cadre en cuivre.

3 14 — Plaque ovale peinte en émaux de couleur
par *N. Laudin* : Éducation de la Vierge par
sainte Anne. Signée au revers : N. Laudin
l'aîné. Cadre doré rectangulaire.

315 — Plaque rectangulaire, signée : *Laudin au faux bourgs de Manigne à Limoges.* Elle représente l'Adoration des Mages. Cadre en bois sculpté et doré.

316 — Quatre épées diverses.

317 — Deux petits sabres japonais.

318 — Dix oiseaux et animaux empaillés.

319 — Jade gris verdâtre. — Deux pièces : groupe de trois figures : Poussat accroupi et deux enfants, et autre groupe de volatiles sur un rocher ; la tête d'un des oiseaux manque.

320 — Deux feuilles d'écrans chinois en marbre décorées de peintures : sujets familiaux.

321 — Tableau rectangulaire en marbre peint avec applications de jonques chargées de nombreux personnages, exécutées en ivoire sculpté et peint. Travail chinois.

ÉMAUX CLOISONNÉS

322 — Curieux groupe composé d'arbustes, de
fleurs, de fruits et d'oiseaux, le tout en émail
cloisonné et bronze doré de la Chine. Socle
en bois dur sculpté.

Haut., 1 m. 20 cent.

323 — Bassin rond en ancien émail cloisonné
de la Chine, décoré extérieurement et inté-
rieurement d'animaux, de fleurs et d'ornements, sur fonds bleu et blanc. Support à cinq
consoles en bois.

324 — Deux grandes lanternes chinoises, de
forme carrée, à angles coupés, avec socles sur-
élevés et pavillons surmontés d'une pomme
d'amortissement. Elles sont exécutées partie
en émail cloisonné à fond bleu et partie en
cuivre doré.

325 — Deux chiens de Fô assis, en émail cloisonné de la Chine et montés sur des socles
rocaille de style Louis XV en bronze ciselé
et doré.

326 — Deux petits vases ovoïdes couverts, en
émail cloisonné du Japon à fond vert, sur
socle de style chinois en bronze doré.

327 — Grand brûle-parfum à panse sphérique, à
deux anses en S et à couvercle, en émail cloisonné de la Chine, à fleurs et ornements sur
fond bleu turquoise. Le bouton du couvercle
et trois têtes chimériques ornant les pieds
sont réservés en cuivre doré. Socle en bois.

328 — Deux vases, forme courge, en émail cloisonné de la Chine, à fond bleu et médaillons
réservés à fond jaune.

329 — Vase, forme carafe, en émail cloisonné de
la Chine, à fleurs sur fond bleu turquoise et
médaillons ronds à fond blanc.

330 — Deux singes assis, en émail cloisonné de
la Chine, l'un à fond jaune, l'autre à fond
noir ; chacun d'eux tient un fruit en ses pattes.
Socles en bois sculpté et repercé à jour.

331 — Deux groupes formés chacun d'un personnage à califourchon sur un cerf. Émail
cloisonné de la Chine.

332 — Deux canards debout, en émail cloisonné
de la Chine, décorés au naturel. Socles en
bois.

333 — Bol à bords évasés, en ancien émail cloisonné de la Chine, à fleurs sur fond bleu.

334 — Deux vasques, en émail cloisonné de la
Chine, décorées de fleurs et d'ornements sur
fond bleu turquoise.

335 — Petite table rectangulaire reposant sur
deux pieds découpés, en ancien émail cloisonné de la Chine, décorée de fleurs et d'ornements sur fond bleu.

336 — Petit brûle-parfum, en forme de perdrix,
en ancien émail cloisonné de la Chine.

337 — Gourde lenticulaire, en émail cloisonné de
la Chine, décorée de personnages, de fleurs
et d'ornements en émaux de couleur sur
fond bleu d'eau.

338 — Jardinière ronde évasée, en ancien émail

cloisonné de la Chine, à fleurs et ornements sur fond bleu turquoise. Pieds et anses en cuivre.

339 — Deux pitongs, en émail cloisonné de la Chine, décorés de paysages sur pieds en bois sculpté.

340 — Deux vases, forme rouleau, en émail cloisonné de la Chine, décorés de fleurs, d'insectes et d'ornements sur fond bleu.

TABLEAUX ET AQUARELLES

341 — BOUCHER (D'après). Deux pastels ovales représentant le Triomphe d'Amphitrite et le Repos des bacchantes. Cadre doré.

342 — BREUGHEL DE VELOURS et VAN BALEN (Attribué à). Diane et ses compagnes au bain.

343 — DIAZ (D'après N.). Baigneuse.

344 — ÉCOLE ALLEMANDE. Scène d'intérieur : l'Atelier du cordonnier.

345 — ECOLE FRANÇAISE. Paysage avec moulin dans le goût de Huet.

346 — ÉCOLE FRANÇAISE. Groupe de deux enfants vus à mi-corps, avec fond de paysage.

347 — ÉCOLE HOLLANDAISE. Deux pendants : Nature morte. Cadres en bois noir.

348 — ÉCOLE HOLLANDAISE. Deux pendants : Scènes d'intérieur dans le goût de Teniers. Cadres noir et or.

349 — GRIMOU. Buste de jeune garçon.

350 — INCONNU. Portraits de chiens : Miss et Tom.

351 — INCONNU. Nature morte : Vase en faïence et porcelaine contenant des fleurs, statuette, etc.

352 — INCONNU. Peinture sur cuivre : Portrait de femme vue à mi-corps, en riche costume du commencement du XVIIe siècle.

353 — INCONNU. Le coup de l'étrier.

354 — Jollivet (J.). Trois Prophètes, peinture sur lave.

355 — Jollivet (J.). Descente de croix, tableau cintré à sa partie supérieure. Cadre doré.

356 — Jollivet (J.). Dessin en couleur d'une peinture sur lave, exécutée pour Sa Majesté l'empereur de Russie : la Vierge et l'Enfant Jésus. Cadre en bois noir et dorure.

357 — Jollivet (J.). Scène de la Révolution.

358 — Jollivet (J.). Deux pendants : Incendie des Tuileries et de l'Hôtel-de-Ville. 1871.

359 — Jollivet (J.). Persée délivrant Andromède. Dessin rehaussé.

360 — Jollivet (J.). Deux aquarelles : Vues de Paris en 1870 et 1871.

361 — Lazerge (Hippolyte) 1854. La Vierge assise tenant l'Enfant Jésus debout sur ses genoux.

362 — Renault. Deux pendants : Paysages.

PORCELAINES DE SAXE

ET AUTRES

363 — Deux beaux cache-pots à deux anses en S
surmontées de têtes de femmes en ronde-
bosse, en ancienne porcelaine de Saxe, décorés
en couleur de scènes orientales familiales,
reposant sur des motifs à quadrilages et ornements en dorure avec réserves ovales décorées de marines en camaïeu carmin. Au
bord supérieur, motif de dentelle d'or, et à la
base, décor analogue et médaillons : marines
et paysages en camaïeu carmin.

Très belle qualité.

364 — Groupe de deux figures en vieux Saxe, à
décor polychrome : le Chasseur entrepre-
nant.

365 — Petit groupe de même porcelaine : Nep-
tune.

366 — Statuette en vieux Saxe : la Marchande
de poissons.

367 — Statuette de Daphné en porcelaine de Berlin.

368-369 — Diverses statuettes et groupes en porcelaine d'Allemagne.

370 — Deux tasses de forme arrondie avec soucoupes, en ancienne porcelaine de Sèvres, pâte tendre, décorées de jetées de fleurs polychromes.

PORCELAINES DE LA CHINE

ET DU JAPON

371 — Deux belles potiches en ancienne porcelaine de Chine, décorées en émaux de la famille rose, à fleurs, oiseaux et lambrequins. Elles sont montées en lampes en bronze doré.

372 — Petite vasque en porcelaine de Chine, décorée de fleurs arabesques en bleu. Elle repose sur un socle en bois formé de trois dauphins.

373 — Deux vases forme rouleau en porcelaine

de Chine, à réserves de fleurs polychromes
et fond vermiculé rouge.

374 — Vase forme rouleau en porcelaine de
Chine, à décor polychrome : marche de cavaliers.

375 — Deux chiens de Fô en grès émaillé et
peint de la Chine.

376 — Très grand plat rond, décoré de fleurs et
d'oiseaux en émaux de la famille rose. Ancienne porcelaine de Chine.

377 — Vase forme carafe en porcelaine de Chine,
décorée de fleurs, sur socle en bois sculpté.

378 — Deux beaux plats en ancienne porcelaine
de Chine, décorés en émaux de la famille
verte. Au fond, poissons se jouant dans les
flots ; au pourtour, compartiments de fleurs
et poissons.

379 — Deux plats ronds en ancienne porcelaine
de Chine, décorés en émaux de la famille
rose, à vases de fleurs au centre et lambrequins ornés aux marlis.

38o — Grand plat oblong à pans en ancienne
porcelaine de Chine, famille rose, décoré de
personnages dans un paysage; au marli,
fleurs et ornements.

381-384 — Vingt assiettes en vieux Chine, décorées de fleurs, d'ornements et de personnages en émaux de la famille rose.

385 — Grand plat rond en ancienne porcelaine
du Japon, à décor polychrome. Au centre,
deux personnages debout costumés à l'euro-
péenne.

386 — Plat rond à côtes en ancienne porcelaine
de Chine, décoré en émaux de la famille
verte, à corbeilles de fleurs au centre et
fleurs au pourtour.

387 — Deux plats ronds en ancienne porcelaine
de Chine, décorés au fond en émaux de la
famille rose, d'un coq sur rochers et de
fleurs; au marli, de lambrequins fleuris.

388 — Bol avec plateau décoré de poissons en
couleur et de feuillages dorés.

389 — Plat rond décoré en émaux de la famille
rose, à fleurs et ornements à la chute.

390 — Deux assiettes octogones à marli et chute
décorés en rouge d'or et réserves de fleurs au
marli et corbeille de fleurs au centre en
émaux de la famille rose.

391 — Six assiettes décorées de fleurs en rouge
de fer et or.

392 — Deux cruches à anses en porcelaine de
Chine, à décor bleu.

393 — Deux plats ronds en vieux Chine, décor
bleu à arbustes, fleurs et ornements variés au
marli.

394 — Plat rond en vieux Chine, à décor bleu.
Au centre est un écusson armorié, le pourtour et le marli sont décorés de fleurs.

395 — Deux assiettes et un compotier, à décor
de rosaces et de couronnes de fleurs en bleu.

396 — Plat rond en vieux Chine, décor bleu à médaillon de personnages au centre et paysage au marli.

397 — Compotier à décor bleu : au centre, sujet chasse; au pourtour, ornements.

398 — Plat rond en vieux Chine, à décor bleu, à corbeille de fleurs au centre et compartiments de fleurs au pourtour.

399 — Plat rond en ancienne porcelaine du Japon, à décor bleu, rouge et or, à compartiments de fleurs et oiseaux, avec au centre un médaillon rond décoré d'une chimère.

400 — Plat rond en ancienne porcelaine du Japon, à décor en bleu, rouge et or, avec personnages en costume européen au centre.

401 — Fontaine cylindro-conique en vieux Japon, à décor en bleu, rouge et or.

402 — Plat rond en vieux Japon, décoré en bleu, rouge et or; au centre, un vase de fleurs; au marli, quatre demi-rosaces et bouquets.

403 — Deux assiettes, à décor de fleurs et ornements en bleu, rouge et or.

404 — Assiette décorée au centre de fleurs en bleu, rouge et or, et au marli de trois médaillons de style hollandais.

FAIENCES ITALIENNES

405 — FAÏENCE DE CASTEL-DURANTE. Deux cornets de pharmacie, décorés d'ornements sur fond bleu et à médaillons d'amours.

406 — FAÏENCE DE CASTEL-DURANTE. Deux vases, forme boule, à décor de fleurs et ornements polychromes et à médaillons : Saints personnages.

407 — FAÏENCE DE CASTEL-DURANTE. Deux vases, forme boule, décorés de fleurs sur fond bleu et de médaillons : bustes d'homme et de femme.

408 — FAÏENCE DE CASTEL-DURANTE. Deux vases

analogues aux précédents. Ceux-ci sont montés en bois noir.

409 — Grand plat rond, décoré au centre de divinités marines, et au marli de génies, de mascarons et de fleurs. Cadre en bois noir et or.

410 — Urbino. Plat rond, décoré de grotesques et d'une figure de guerrier.

411 — Faïence de Castelli. Plaque ronde, représentant un sujet biblique.

412 — Faïence italienne. Plateau rond, à décor polychrome : sujet guerrier.

413 — Faïences d'Urbino. Deux pièces : un plateau rond, décoré d'un amour au centre, et une petite coupe ronde, décorée de grotesques.

414 — Faïence de Castelli. Deux petits plats ronds, décorés de monuments en ruine dans des paysages. Cadres noir et or.

415 — Faïence italienne moderne. Deux vases ovoïdes à gorges, piédouches et à anses formées de sirènes ; ils sont décorés de sujets bibliques.

416 — Castel-Durante. Deux cornets, à trophées d'armes sur fond bleu et médaillons : Saints personnages.

417 — Petit plat ovale, découpé à jour; au centre, un lapin.

FAIENCES DE DELFT

ET AUTRES

418 — Faïence de Delft. Deux vases, forme gourde, à décor de fleurs et de rochers, en camaïeu bleu.

419 — Faïence de Delft. Vache debout, à décor polychrome.

420 — Delft. Deux plats, à décors rayonnants, à fleurs polychromes.

421 — Assiette, à décor bleu, représentant la Cène.

422 — Six assiettes en terre de pipe, à décor polychrome, représentant des sujets tirés de l'histoire de l'Enfant prodigue.

423 — Plaque en forme de losange à contours, à décor polychrome, à fleurs et oiseaux ; au centre, paysage en camaïeu bleu.

424 — Petite plaque oblongue à contours, à décor bleu : vase de fleurs.

425 — Plaque analogue, à décor bleu : paysage.

426 — Garniture de cinq pièces : potiches et cornets à pans et à côtes, décor bleu, à fleurs et ornements.

427 — Plaque à angles arrondis et rentrants, à décor bleu : scène d'intérieur.

428 — Potiche ovoïde couverte, décorée de fleurs et oiseaux en bleu.

429 — Plaque ovale en hauteur et à contours, décorée d'un paysage en couleur.

430 — Divers groupes et statuettes en faïence.

431 — Vase en forme de balustre, à décor polychrome, à fleurs, oiseaux et ornements ; couvercle en forme de couronne et pied rocaille
en cuivre.

432 — Chope en grès émaillé bleu, gris et violet, à figures de cavaliers et ornements.

433 — Cruche en grès émaillé gris, à panse sphérique, décorée de trois médaillons : sujets
religieux.

434 — Cruche en grès gravé, à fleurs et oiseaux
et émaillée gris et bleu.

435 — Daubière en forme de chou, dont le couvercle est surmonté d'un chien.

436 — Service de table en faïence anglaise, à
décor en rouge et or. Il se compose d'environ
soixante-dix pièces.

437 — Garniture de cinq pièces, potiches et
cornets en terre laquée, à fond bleu et décor
de paysages avec cours d'eau et personnages.

438 — Faïence de Rhodes. Plat rond décoré d'une gerbe de fleurs en couleur. Cadre en bois noir et or.

439 — Faïence hollandaise. Plaque ovale à contours, décorée d'un paysage.

440 — Plat ovale à reptiles dans le goût de Palissy.

FAIENCES FRANÇAISES

441 — Faïence de Rouen. Plat long, décor à la corne.

442 — Faïence de Rouen. Deux petits plats, décor polychrome à la corne.

443 — Faïence de Rouen. Plat rond à bords festonnés, décor polychrome à la corne tronquée.

444 — Faïence de Sinceny. Plat rond à bords festonnés, décor polychrome à la pagode.

445 — Faïence de Nevers. Gourde en forme de
carafe, à décor bleu et manganèse : paysages
et attributs de jardinage. Elle porte les noms
de : *Gvillaume Havart* et la date 1688.

SCULPTURES

446 — Marbre blanc. Statuette de Diane, debout, ayant un lévrier à ses pieds.

447 — Bois. Deux statues : négrillons debout,
grandeur nature, supportant une coquille
qui forme jardinière et reposant sur des socles ornés de guirlandes de fruits. Ces pièces
sont rehaussées de dorure et les yeux et les
dents des personnages sont incrustés de nacre et d'ivoire. Travail italien.

448 — Terre cuite, par *Fratin :* lion et gazelle.

449 — Albatre. Bas-relief du xviie siècle : Pieta.
Dans un cadre de bois sculpté et repercé à
feuillages.

450 — Terre cuite. Groupe signé *A. Carrier :*
Vénus et l'Amour sur socle en bois noir.

451 — TERRE CUITE peinte. Groupe napolitain composé de deux personnages et d'un âne.

452 — BOIS. Petit groupe : la Vierge et l'Enfant Jésus, et statuette de sainte femme. XVIIe siècle. Ces deux pièces sont incomplètes.

CUIVRES

453 — Bassin en cuivre jaune avec au fond les figures d'Adam et Ève en relief. Allemagne. XVe siècle.

454 — Bassin en cuivre jaune, analogue à celui qui précède ; le sujet de celui-ci [est entouré d'une inscription.

455 — Fontaine hollandaise, de style Louis XV, en cuivre rouge battu, avec anses, pieds et robinets en cuivre jaune.

456 — Samovar placé dans un vase en cuivre rouge, battu à fleurs et ornements en relief.

457 — Samovar analogue au précédent, mais de forme plus allongée.

458 — Deux vases chinois en bronze, en forme
de balustre à deux anses.

459 — Deux lampes italiennes en cuivre poli,
accompagnées de leurs ustensiles.

460 — Chaufferette en cuivre repoussé et repercé à jour.

BRONZES D'ART

461 — Mortier en bronze décoré d'une double
frise de cariatides et de rinceaux en relief; il
porte l'inscription : RIEN SANS PEINE, ANNO
1602. C. TVLLEREN.

462 — Autre petit mortier analogue au précédent;
il porte l'inscription : LOF GODT VAN AL
ANNO 1613.

463 — Deux flambeaux italiens, de style Renaissance, sur pieds triangulaires, à cariatides
d'enfants.

464 — Statuette de nymphe dansant, d'après
Pradier. Bronze à patine brune.

BRONZES D'AMEUBLEMENT

465 — Cartel Louis XVI en bronze ciselé et doré, orné de festons de laurier, avec mascaron tête d'homme à la base et urne à têtes de boucs à sa partie supérieure.

466 — Garniture de cheminée composée d'une pendule et de deux candélabres en bronze oxydé et doré, et marbre vert de mer. La pendule est surmontée d'une statuette : allégorie de la musique, d'après J. Pradier.

467 — Deux flambeaux en cuivre doré, à trépieds de style antique.

468 — Deux petits vases en porcelaine gros bleu montés en bronze doré et simulant des buires.

469 — Garniture de foyer à vases et galerie à rinceaux en bronze oxydé en partie.

470 — Deux lampes montées dans des vases japonais en bronze, à dragons en relief.

471 — Deux lampes en forme de carafes en bronze oxydé, à fleurs et feuillages en relief.

472 — Garniture de trois pièces : coupe et cornets en cristal, garnis de montures en bronze.

473 — Deux flambeaux, de style Louis XIV, en cuivre argenté, à tiges ornées de cariatides.

474 — Deux chenêts sphinx, de style Louis XIV, en cuivre poli.

475 — Porte-pelle en cuivre poli, à tige formée de deux dauphins. La pelle et la pincette ont une statuette en cuivre jaune pour bouton.

476 — Deux chenêts en cuivre jaune poli, avec socles à consoles et mascarons surmontés de statuettes de femmes figurant le Printemps et l'Été.

MEUBLES

477 — Grand cabinet Louis XIII en bois d'ébène gravé, à figures, fleurs, fleurs de lys et orne-

ments. Les deux portes offrent, à leur centre, des bas-reliefs représentant Judith et Holopherne. Ce meuble repose sur une table à six colonnes torses et chapiteaux ioniques et six autres unies. A l'intérieur, se trouve un tabernacle décoré de peintures et de pilastres.

Haut., 1 m. 97 cent.; larg., 1 m. 77 cent.

478 — Pendule-applique et son socle-support du temps de Louis XIV, en marqueterie d'écaille et cuivre, et garnie de bronzes dorés. Elle est terminée, à sa partie supérieure, par une figure de Renommée assise.

479 — Grande commode, du temps de la Régence, à trois rangs de tiroirs en bois de placage richement garni de bronzes et à dessus de marbre brèche d'Alep.

480 — Chiffonnier, de style Régence, à six tiroirs, en bois de placage, garnis de poignées et d'entrées de serrures en bronze.

481 — Pendule en marqueterie des trois parties, de forme dite religieuse, reposant sur des pieds à têtes de chérubins et garnie d'ornements en bronze ciselé et doré.

482 — Régulateur hollandais en racine de bois, avec mouvement décoré de peintures, marquant les phases de la lune, les mois, les jours, les quantièmes, etc. Il porte le nom de *Nicolaas Weylandt*.Amsterdam, commencement du xviiie siècle.

483 — Cabinet fermant à deux portes et garni de tiroirs à l'intérieur, décoré de peintures hollandaises sur fond noir, vases de fleurs, rinceaux, oiseaux et guirlandes. xviiie siècle. Il repose sur une table en bois noir à colonnes torses.

Hauteur totale, 1 m. 65 cent.; larg., 1 m. 18 cent.

484 — Commode, de style Louis XIV, en bois noir incrusté de filets de cuivre et garni de poignées et d'encadrements en bronze doré.

485 — Table, de style Louis XV, de forme contournée, en marqueterie de bois à fleurs et garnie de chutes et d'une galerie de bronze.

486 — Contador portugais, incrusté d'ivoire et garni de boutons, poignées et appliques découpées en cuivre doré. Les pieds du meuble sont formés de cariatides.

487 — Table de nuit simulant une table à ouvrage en bois de placage ; bronzes et dessus
de marbre.

488 — Cabinet espagnol fermant à deux portes
et contenant un grand nombre de tiroirs et
de compartiments. Il est décoré de monuments, de fleurs et d'ornements, et repose sur
une table à quatre pieds, à colonnes torses.
La partie supérieure du meuble ouvre à char-
nières.

Haut., 1 m. 48 cent.; larg., 1 mètre.

489 — Grand guéridon de forme octogone en
bois incrusté, travail italien dit certosina, sur
pied en bois sculpté, en forme de balustre,
entouré de huit dauphins s'appuyant sur une
base en certosina, à bords festonnés.

490 — Table rectangulaire en certosina, à dessins
géométriques, sur pieds découpés reliés par
une traverse.

491 — Table de milieu à bouts arrondis, en bois
sculpté et doré, de style Louis XVI, à frise
découpée à jour et festons de fleurs. Les

pieds sont reliés par une entretoise ornée d'un vase garni de guirlandes de fleurs. Dessus de marbre blanc.

492 — Deux consoles de forme arrondie, des mêmes travail et décor que la table qui précède.

493 — Baromètre Louis XVI, avec cadre en bois sculpté et doré, surmonté d'un trophée.

494 — Meuble en hauteur, fermant à une porte, en bois noir et compartiments plaqués d'écaille.

495 — Table de milieu, de style Louis XIV, en bois noir, rehaussé de dorures, à pieds carrés reliés par une entretoise.

496 — Meuble en hauteur et à tiroirs, en bois sculpté, à mascarons et rinceaux. Les montants sont ornés de cariatides d'animaux fantastiques.

497 — Table à quatre pieds balustres en bois sculpté. Le bandeau est orné de cannelures.

498 — Bibliothèque à deux corps en bois de chêne sculpté : le corps supérieur ferme à deux portes vitrées.

499 — Bibliothèque à deux corps, en bois de noyer, fermant à six portes, dont trois vitrées.

500 — Meuble à hauteur d'appui, en marqueterie de cuivre sur bois noir, garni de bronzes. Il ferme à deux portes ornées de médaillons circulaires en bronze oxydé, à sujets en bas-relief d'après *Clodion*. Dessus de marbre noir.

501 — Deux meubles analogues au précédent, mais à une seule porte.

502 — Deux tables à jouer, en bois noir incrusté de filets de cuivre et garni de quelques ornements de bronze.

503 — Grand meuble en marqueterie de bois, à vases de fleurs, fleurs et ornements ; il ferme à deux portes vitrées à leur partie supérieure.

Haut., 2 m. 32 cent.; larg., 1 m. 48 cent.

504 à 508 — Meuble de chambre à coucher en

bois de rose garni de bronzes ; il se compose :
d'un lit, d'une armoire à glace, d'une commode fermant à deux portes avec tiroirs à
l'anglaise, d'un chiffonnier-secrétaire, d'une
table de nuit et d'une table à ouvrage. Ce lot
pourra être divisé.

509 — Table de milieu en marqueterie de cuivre
et écaille, garnie de bronzes.

GLACES ET MIROIRS

510 — Glace biseautée rectangulaire en hauteur,
avec cadre de style Renaissance, en bois
sculpté rehaussé de dorures.

511 — Grande glace biseautée dans un large cadre
en bois noir, à moulures guillochées rehaussées de dorures.

512 — Petite glace biseautée rectangulaire, avec
cadre en bois noir incrusté de cuivre et de
fleurs de nacre gravée.

513 — Miroir de toilette à biseaux, avec cadre de

forme contournée en marqueterie d'étain, sur bois à dessins Louis XIV.

514 — Grande psyché en bois sculpté et doré, de style Louis XV, garnie d'une glace biseautée.

515 — Grande glace biseautée, à fronton et bordure de glace, reliés par des moulures et des ornements en bois sculpté et doré.

516 — Petit miroir rectangulaire biseauté, dans une monture chinoise, en bois sculpté formant écran.

517 — Deux miroirs biseautés avec cadres en bois sculpté, découpé à jour.

MEUBLES

518 — Grand lit de milieu, en bois sculpté et doré, de style Louis XV, garni de satin vert d'eau, décoré d'applications de rinceaux en satin ponceau et velours grenat, et accompagné de ses lambrequins, rideaux et tentures de même tissu.

519 — Quatre rideaux de croisées et deux lambrequins de même tissu que les tentures du
lit qui précède.

520 — Meuble en bois sculpté et doré, de style
Louis XV, couvert de satin vert d'eau, décoré
d'application de rinceaux en satin ponceau
et velours grenat. Il se compose de deux
grands fauteuils et quatre chaises larges.

521 — Chaise longue de même travail et décor
que le meuble qui précède et pouvant lui servir de complément.

522 — Grand meuble italien en bois noir incrusté d'ivoire gravé, de forme monumentale,
fermant à deux portes et avec tiroirs, le haut
surmonté de trois niches encadrées de moulures. La façade du meuble est couverte d'un
riche décor composé de candélabres, de
cariatides, de rinceaux et d'ornements variés.

Haut., 2 m. 70 cent.; larg., 2 mètres.

523 — Quatre buffets - étagères en bois noir
sculpté, de style Renaissance.

524 — Grande table rectangulaire en bois noir sur six pieds balustres, à chapiteaux ioniques reliés par une entretoise. Elle est accompagnée de trois allonges.

525 — Bibliothèque ouverte, à musique, en palissandre incrusté de filets de cuivre.

526 — Deux corps de bibliothèques en bois noir sculpté et à deux corps. La partie inférieure ferme à trois portes, avec tiroirs au-dessus et le corps supérieur a trois portes vitrées cintrées à leur partie supérieure. Dans les angles sont des colonnes cannelées engagées.

Haut., 2 m. 72 cent.; larg., 1 m. 66 cent.

527 — Table en bois de chêne sculpté à pieds tors, couverte de velours vert. Travail moderne.

528 — Table en bois sculpté avec pieds reliés par une traverse surmontée d'un vase. Dessus de velours grenat clouté de cuivre.

529 — Table, de style Louis XIV, en bois de

chêne sculpté, rehaussé de dorure et couverte
de velours grenat clouté de cuivre.

53o — Bureau-ministre en bois de chêne sculpté,
de style flamand, couvert en drap rouge.

53r — Très grande armoire en bois sculpté à
cariatide de femme, têtes de chérubins et
festons de fleurs. Elle ferme à deux vantaux
à ressauts encadrés de moulures profilées et
ses angles sont garnis de deux colonnes
torses, à chapiteaux ioniques. Elle est surmontée de trois pommes d'amortissement.
Travail allemand, XVIIe siècle.

INSTRUMENTS DE MUSIQUE

532 — Violon.

533 — Alto.

534-535 — Deux violoncelles.

536 — Piano à queue, d'Érard, en palissandre,
à sept octaves.

LUSTRES ET APPLIQUES

537 — Lustre flamand en cuivre poli à seize branches porte-lumières. xviie siècle.

538 — Lustre, de style Louis XIV, à seize lumières, en cuivre garni de cristaux, pendeloques, boules et guirlandes.

539 — Grand lustre en bronze doré, garni de cristaux de style Louis XVI.

540 — Trois paires de bras-appliques, à sept lumières pouvant accompagner le lustre qui précède.

541 — Lustre entièrement exécuté en cristal taillé, poli et mat.

542 — Cinq appliques de même travail que le lustre qui précède.

543 — Quatre petits lustres en verre de Venise.

544 — Suspension de salle à manger en cuivre

poli à dix-huit branches porte-lumières et
lampes mobiles.

545 — Quatre bras-appliques pouvant accompagner la suspension qui précède.

546 — Petit lustre flamand en cuivre à huit
branches porte-lumières.

SIÈGES

547 — Deux grands fauteuils, de style Louis XIV
en bois sculpté, couverts de tapisserie au
point, à médaillons représentant Diane et
Actéon et une scène d'intérieur avec encadrements à fleurs et rinceaux sur fond noir.

548 — Fauteuil analogue à ceux qui précèdent :
le dossier de celui-ci représente l'enlèvement
d'Oritye par Borée.

549 — Quatre autres grands fauteuils analogues
à celui qui précède.

550 — Sept autres grands fauteuils de même

travail, les dossiers de ceux-ci sont encadrés de clous à têtes dorées.

55 1 — Deux grands fauteuils de style Louis XIV en bois sculpté et doré, couverts de tapisserie au petit point, à médaillons à personnages, de travail ancien, avec encadrements d'ornements et médaillons de paysage et animaux de même style.

55 2 — Deux grandes chaises des mêmes travail et modèle que les deux fauteuils qui précèdent.

553 — Deux chaises de style Louis XIII en bois sculpté, couvertes en tapisserie au point à fleurs et oiseaux, sur fond noir.

554 — Siège pliant en bois sculpté, couvert de tapisserie ancienne au petit point.

555 — Bout de pieds en bois noir et tapisserie au point.

556 — Trois poufs rectangulaires, dont les dessus sont formés de tapisseries au point, à médaillons sujets champêtres.

557 — Tabouret circulaire couvert de tapisserie du xviiie siècle, à médaillon de paysage.

558 — Deux grandes chaises à pieds tournés, couvertes en tapisserie au point, de style Louis XIV, avec personnages, animaux et ornements sur fond noir.

559 — Deux fauteuils, de style Louis XIII, en bois de noyer, à pieds tors, couverts d'ancien cuir gaufré, rehaussé de dorure, dit de Cordoue.

560 — Deux fauteuils et quatre chaises en bois noir sculpté, de style Louis XIII, couverts en drap marron, rehaussé d'applications de velours noir et de satin ponceau. Les bras des fauteuils se terminent par des têtes de béliers.

561 — Quatre rideaux pouvant accompagner les sièges qui précèdent.

562 — Deux fauteuils en bois sculpté, de style Louis XIV, couverts de cuir gaufré, rehaussé de couleur et de dorure, à fleurs et ornements.

563 — Deux chaises de même travail.

5C4 — Banquette en bois de noyer, à pieds tournés reliés par une entretoise en X, et couverte de cuir jaunâtre.

565 — Deux fauteuils pouvant accompagner la
banquette qui précède.

566 — Dix chaises en bois sculpté, de style Louis
XIII, couvertes en cuir dit de Cordoue.

567 — Meuble de salon, de style Louis XVI, en
bois sculpté et doré, à festons de fleurs, feuilles
et couronnes de laurier. Il est couvert de tapisserie à trophées d'instruments de musique
et de jardinage encadrés de fleurs et de branches de laurier en camaïeu bleu sur fond
crème. Il se compose de trois canapés en
deux dimensions, de six fauteuils et d'un
écran.

568-569 — Canapé et deux fauteuils capitonnés
de satin groseille et ornés de bandes brodées
à fleurs.

570 — Deux fauteuils-marquises entièrement
capitonnés de satin groseille.

571 — Siège bas en bois sculpté et doré, de style
Louis XVI, couvert de satin groseille capitonné et de broderie de Chine sur fond noir.

572 — Six chaises, de style Louis XVI, en bois
sculpté et doré, à dossiers ornés de lyres.
Elles sont couvertes de broderies de fleurs
sur fond de satin varié de nuances.

573 — Pouf rond capitonné de soie groseille
brodée à fleurs de couleur.

574 — Six chaises légères en bois laqué noir et
or, et couvertes de satin groseille capitonné.

575 — Chaise-longue, trois fauteuils et une
chaise, couverts de satinette blanche imprimée, à décor de style oriental.

576 — Douze chaises légères, de style Louis XVI,
en bois sculpté et doré, à dossiers ornés de
lyres, recouvertes d'étoffes de soie brochée,
à fonds et dessins variés.

577 — Grand pouf oblong, couvert d'une broderie chinoise en couleur sur fond noir : paysages animés. Le pourtour, capitonné, est garni de festons, de boules de couleur et d'effilés.

578 — Vingt chaises de salle à manger en bois noir, couvertes de cuir noir uni clouté de dorure. Sur chacun des dossiers, un lion héraldique vu à mi-corps.

579 — Banquette à dossier élevé, en bois sculpté, de style Renaissance, et couverte en velours vert.

580 — Quatre escabeaux en bois sculpté; les dossiers sont formés d'une coquille et de dauphins enlacés.

581 — Deux escabeaux en certosine.

TAPISSERIES

582 à 585 — Quatre grandes et belles tapisseries des Flandres, du xviie siècle, à sujets mytholo-

giques dans des paysages encadrés de riches
et larges bordures, à vases, cariatides, fleurs,
oiseaux et mascarons. Elles seront vendues
séparément.

Hauteurs, 3 m. 65 cent.
Largeurs, 3 m. 68 cent.; 3 m. 6o cent.; 3 m. 6o cent.

586 — Deux jolies tapisseries des Flandres. Tapisseries du commencement du xviiie siècle,
représentant, dans des paysages, l'une Daphnée
changée en laurier, l'autre, Apollon et Vénus.
Haut et bas, large bordure de fleurs, rinceaux
et coquilles. Sur les côtés, bande étroite d'ornements.

Haut., 3 m. 20 cent.; larg., 1 m. 85 cent.

587 — Tapisserie des Flandres du xviiie siècle,
représentant Don Quichotte et le moulin. Au
premier plan, Sancho Pança, debout, près de
son âne.

Haut., 2 m. 88 cent.; larg., 2 mètres.

588 — Tapisserie des Flandres, représentant Nar-
cisse dans un paysage et se mirant. Bordure
simulant un cadre composé d'ornements. La
partie inférieure de la bordure a été rappor-
tée. xviiie siècle.

Haut., 2 m. 88 cent.; larg., 1 m. 85 cent.

589 — Belle tapisserie des Flandres du xviiie siècle,
représentant un personnage tenant des chiens.
Fond de paysage avec monument à droite.
Bordure composée de feuillages enroulés. La
partie inférieure de la bordure a été rappor-
tée.

Haut., 2 m. 87 cent.; larg., 1 m. 71 cent.

590 — Grande et belle tapisserie des Flandres du
commencement du xviiie siècle, représentant
le départ pour la chasse, dans le goût de
Teniers. Bordure simulant un cadre décoré
de mascarons et de feuillages.

Haut., 3 m. 40 cent.; larg., 2 m. 48 cent.

591 — Deux carrés en tapisserie des Flandres,
avec armoirie et couronne de fleurs en couleur sur fond noir. xviiie siècle.

592 — Carré pour coussin en tapisserie allemande du xviie siècle, à médaillon de personnages et couronne de fleurs sur fond noir.

593 — Deux petits paravents formant quatre
feuilles composées de tapisseries, à person-

nages debout, villageois, dans le goût de Teniers. Monture en bois de noyer sculpté rehaussé de dorure et de clous de cuivre.

TAPISSERIES AU POINT

594 — Deux portières et un lambrequin en tapisserie au point, du temps de Louis XIV, à sujets chinois, animaux, oiseaux et fleurs sur fond noir.

595 — Deux larges lambrequins à bandes festonnées en tapisserie au point, à sujets chinois, animaux et fleurs en couleur, sur fond noir.

Long., environ 2 m. 40 cent.

596 — Garniture de grand siège en tapisserie au point du xvıı⁰ siècle, à personnages, fleurs et ornements sur fond noir.

597 — Deux lambrequins de même travail et de décor analogue. Ceux-ci sont décorés de figures de Chinois,

598 — Deux grands rideaux en tapisserie au point, à fleurs et rinceaux de couleur sur fond blanc. Ils sont accompagnés d'un lambrequin de même travail.

599 — Fort lot de tapisseries au point, en cours de travail, pour sièges et rideaux.

BRODERIES ET TENTURES

600 — Grand tapis des colonies portugaises et du XVIIe siècle, décoré de broderies blanches et bordées de jaune, à fleurs et rubans appliqués sur fond de satin grenat.

601 — Tableau brodé au passé : portrait d'infante d'après Vélasquez. XVIIe siècle. Cadre en bois noir, à moulures dorées.

602 — Cinq tableaux chinois exécutés en relief, et en étoffe de diverses nuances et papier peint : personnages debout et autre monté sur un âne.

Haut., 1 m. 77 cent.; larg., 97 cent.

6o3 — Trois petits tapis en toile avec broderies
et applications à fleurs et personnages en soie
de couleur. Bordure à grillages en tapisserie
au point. xviie siècle.

6o4 — Tapis de table à carrés et dents de guipure.

6o5 — Autre tapis de guipure à bandes ornées
encadrées de fleurs.

6o6 — Quatre rideaux de croisées et deux lambrequins en satin ponceau, avec bandes de
fleurs brodées en soie de couleur. Ils sont
accompagnés de leurs embrasses.

6o7 — Huit rideaux et quatre bonnes grâces ou
lambrequins en tapisserie à fond crème et
bandes de fleurs et feuillages en camaïeu
bleu rehaussé de violet. Avec embrasses et
passementeries.

6o8 — Trois paires de rideaux en drap rouge
avec applications de dessins en velours noir.

6o9 — Tenture de lit et deux garnitures de croi-

sées en satinette blanche imprimée, à décor
de fleurs de style oriental.

TAPIS

6 10 — Tapis de Smyrne, à fond rouge (bibliothèque).

Long., 5 m. 65 cent.; larg , 5 m. 65.

6 1 1 — Grand tapis de Smyrne, à fond rouge
semé de fleurettes, et à médaillons et écoinçons
à fond vert. Il couvre le parquet de la grande
chambre à coucher.

6 12 — Carpette de Smyrne de décor analogue.

6 13 — Tapis de Smyrne à fond rouge, avec rosaces, écoinçons et bordures à fond bleu clair.

VINS

6 14 — Quinze bouteilles de Château-Margaux.

6 15 — Soixante et une bouteille de Pauillac.

616 — Cinq cent cinquante bouteilles de Cadillac.

617 — Environ treize cents bouteilles de Bor-
deaux, à vendre en plusieurs lots.

618 — Sept bouteilles de Lunel.

619 — Quatre-vingt-dix bouteilles de Constance.

620 — Quatorze casiers en fer, pour trois cents
bouteilles, à vendre en plusieurs lots.

621 — Environ trois mille bouteilles vides.